特別支援学級のための

もっと
身近なもの
を教材に！！
100均で楽しく
教材づくり

樋浦伸司・上野庸悦 著

田研出版株式会社

読者の方へ

　拙書『遅れがちの子・自閉の子のための　身近なものを教材に!!－自分でやりたくなる課題－』が刊行されてから，２０年がたとうとしています。
　その間，『身近なものを教材に!!』の続編が欲しいと言われ続けておりました。著者としては，読者（指導者）が独自に工夫してもらえれば十分と思っておりましたが，指導者も何かと忙しい時代になってまいりました。
　この度，上野庸悦氏の協力を得て，発刊する特別支援学級向けの『特別支援学級のための　もっと身近なものを教材に!!　100均で楽しく教材づくり』は，前著を補完するものとなり，著者として申しぶんありません。
　本書は，100円均一のお店で入手できる材料やグッズを中心に，作製できるようにしました。
　本書が指導の一助となれば幸いです。

　ぜひ，この本を使って，楽しみながら指導してみてください！

樋浦　伸司
上野　庸悦

本書について

　この本は，特別支援学級に通っている子どものための教材づくりの本です。明日からの指導に間に合うように考えました！

● １００円均一のお店で入手できる材料やグッズを中心に構成しました。
　　※店舗によって，取り扱いのない商品もあります。

● できるだけ，学校にある教材教具，どの地域でも低価格で手に入る市販品で作れるものにしました。

● 自作するものは，誰でも作れるように解説しました。

● 指導「させ方」をていねいに解説しました。

もくじ

読者の方へ　1
本書について　3

6つの課題　9

数量概念・金銭指導　11

1．いくつはさむ？（紙皿に洗濯ばさみをはさむ）…12
2．１００までの数シート（１〜１００まで物を置く）…14
3．１００まで数える（１０コずつ入れて数える）…16
4．ストロー束ね（１０本ずつ束ねて数える）…18
5．ドリンクボトル色鉛筆（１０本ずつ入れて数える）…20
6．ストロー袋詰め（１０本ずつ袋詰めする）…22
7．どの小銭？（小銭の金種を区別する）…24
8．正しく出せる？（サイフから小銭を見分けながら出す）…26
9．数えてみよう（大量の小銭を数える）…28

手指の微細運動　31

10．穴に入れる（ビーズなどを穴に入れる）…32
11．組む（ボルト，ナット，ワッシャーを組む）…34
12．なぞる（シートに沿って形をなぞる）…36
13．穴を開ける（穴あけパンチを使う）…38
14．吸い上げる（しょう油入れで吸い上げる）…40
15．詰め替える（ボトルに液体を入れる）…42
16．切って，貼ってー１（はさみ・のり・セロハンテープ）…44
17．切って，貼ってー２（はさみ・のり）…46
18．フェルトボタン（ボタンをとめる）…48

１９．結ぶ－１（ひもを結ぶ）…50
２０．結ぶ－２（ラッピング袋のひもを結ぶ）…52

■認知・学習■ 55
２１．同じように積む（見ながら再現）…56
２２．パッキング（同じ物をパッキング）…58
２３．○△□（○△□を使ってゲーム）…60
２４．算数スタンド（算数の課題）…62
２５．国語スタンド（国語の課題）…64
２６．何番目？（物の順序と位置を表す）…66
２７．カテゴリー分け（ものをカテゴリーに分ける）…68
２８．文字指導（文字カードを使って）…70

■時間・スケジュール■ 73
２９．何をする？（行事等に参加するために）…74
３０．今日は何日？（日にちを意識する）…76
３１．１分ってどれくらい？（タイマーを操作する）…78
３２．いつからいつまで？（学習や作業の始まりと終わり）…80

■図工・そのほか■ 83
３３．歯磨きカード－１（歯磨きカードを見ながら歯を磨く）…84
３４．歯磨きカード－２（歯磨きカードを見ながら歯を磨く）…86
３５．あと何週？（持久走で何周したか・するかわかる）…88
３６．忘れ物ないかな（持ち帰る物を確認する）…90
３７．大事なことは（板書枠囲み）…92
３８．作ってみる－１（自由に工作する）…94
３９．作ってみる－２（自由に工作する）…96

■**食事スキル**■　99

４０．開ける（ペットボトルや缶）…100
４１．つまむ（はしの使い方）…102
４２．開けて，閉じる－１（はさみで切って開けて，ジッパーで閉じる）104
４３．開けて，閉じる－２（はさみで切って開けて，袋ばさみで閉じる）106
４４．フタを開ける（プリンやヨーグルトなどを開ける）…108
４５．包みを開ける（チーズの個包装を開ける）…110
４６．缶詰を開ける…112
４７．はかる（計量スプーン，計量カップ）…114
４８．準備する（カップ麺）…116
４９．開封する－１（サンドウィッチ）…118
５０．開封する－２（おにぎり）…120

6つの課題

- 数量概念・金銭指導
- 手指の微細運動
- 認知・学習
- 時間・スケジュール
- 図工・そのほか
- 食事スキル

数量概念・金銭指導

1. いくつはさむ？

（紙皿に洗濯ばさみをはさむ）

ねらい：1～20程度の数量概念を身につける。
　　　　手指の微細運動や目と手の協応を養う。
させ方：紙皿に書いてある指示どおりに，洗濯ばさみをはさんでいく。
使う物：洗濯ばさみ，紙皿　マジック，プラスチックの入れ物
作り方：紙皿などにマジック等で印（洗濯ばさみをはさむ位置や数）をつける。

ポイント
・紙皿は大きさや深さなどいろいろあるので，扱いやすさで選ぶ。
・葉っぱや昆虫などを描いたものでも，楽しんでやることができる。

数量概念・金銭指導

紙皿以外でもやってみよう❗

画用紙に葉っぱや昆虫などを描き，ラミネートした。

お買い物
１００円均一のお店などで購入
●洗濯ばさみ　●紙皿　●ラミネートフィルム

2．100までの数シート
(1～100まで物を置く)

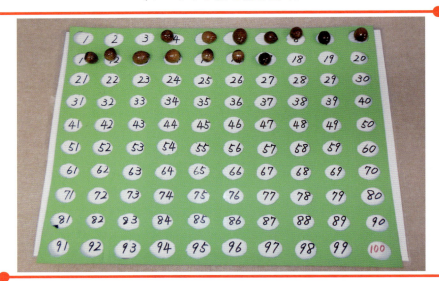

ねらい：1～100までの数量概念を身につける。

させ方：「10～20までのところに，おはじきを置いてごらん」などと声をかけて，数シート＊の穴の開いているところに，指示された数だけ物（おはじきやどんぐり，朝顔の種など）を置く。

使う物：画用紙，スポンジシート，カッター，両面テープもしくはボンド，ラミネートフィルム

作り方：数シートを作製する。

① スポンジシートと画用紙の大きさを合わせる。画用紙が少し大きいほうが，後で貼りやすい。写真の画用紙は297×420㎜（A3）。

② 画用紙に10×10のマス目を描き，1～100までの数字を書き込んで，ラミネートする。

スポンジシートにも画用紙と同じ大きさのマス目を描き，画用紙に

書かれた数字が見えるように，カッターで穴を開ける。
③　画用紙とスポンジシートを，両面テープやボンドなどで貼り合わせる。このとき，スポンジシートは，マス目を描いた面を貼りつける面にすると，鉛筆などの跡が見えずきれい。

ポイント

・スポンジシートは厚みがあるので，転がりやすい物を置いても大丈夫。写真では木の実を置いている。
・置く物は，子どもの好きな物からはじめるとよい。また，置く物を代えると飽きずにできる。
・子どもの実態に応じ，順唱させながらやらせたり，黙ったままやらせたりする。

? 知りたい！

スポンジシートって？

スポンジシートとは，スポンジでできているシート。やわらかくて加工しやすい。写真は５００×３００㎜の大きさ。

１００円均一のお店などで購入
●スポンジシート　　●両面テープ（ボンド）
●ラミネートフィルム

3．100まで数える
（10コずつ入れて数える）

ねらい：1～100までの数量概念，10進法を身につける。
　　　　一定の量や時間をさせることで，継続する力などを身につける。
させ方：1つのコップに10コずつ入れ，指示された数をつくる。
使う物：透明なプラスチックコップ（写真はスムージーコップ），緩衝材，
　　　　緩衝材入れ（写真は米びつ）

数量概念・金銭指導

ポイント
・スムージーコップは口が広くて使い勝手がよいが，なければ普通のプラスチックコップでも大丈夫。
・コップや緩衝材の大きさによっては２０コぐらいまで入るので，子どもの実態に応じ，１０単位だけではなく，２０単位にするなど，変えてみてもよい。
・緩衝材は，ハートの形をしたもの，カラフルなもの，などもある。

お買い物　　　　　　１００円均一のお店などで購入
　●スムージーコップ　　●緩衝材　　●米びつ

4. ストロー束ね

(10本ずつ束ねて数える)

ねらい：1～100までの数量概念，10進法を身につける。
　　　　一定の量や時間をさせることで，継続する力などを身につける。
させ方：ストローを10本ずつ輪ゴムで束ねて，指示された数をつくる。
使う物：ストロー（太め），輪ゴム，プラスチックの入れ物

数量概念・金銭指導

ポイント
・ストローはある程度の長さや太さがあるほうがやりやすい。写真はタピオカストロー。
・カラフルなストローであれば，さらに楽しい。色別にするなどもできる。
・輪ゴムは大きさによって巻く回数が変わるので，子どもの手の大きさなどを考慮し，使い勝手のよいものを選ぶ。

お買い物
１００円均一のお店などで購入
●タピオカストロー　●輪ゴム　●プラスチックの入れ物

5.ドリンクボトル色鉛筆

(10本ずつ入れて数える)

ねらい: 1~100までの数量概念,10進法を身につける。
　　　　一定の量や時間をさせることで,継続する力などを身につける。
　　　　狭い口に長いものを差し入れることで,手指の微細運動や目と手
　　　指の協応を養う。
させ方: ボトルに10本ずつ色鉛筆を入れ,指示された数をつくる。
使う物: ドリンクボトル,色鉛筆,プラスチック皿

ポイント
・色鉛筆は色数の多いほうが楽しくやれる。写真は12色。
・芯の先は，あまりとがっていないほうがよい。

数量概念・金銭指導

お買い物　　100円均一のお店などで購入
　●ドリンクボトル　●色鉛筆　●プラスチック皿

6. ストロー袋詰め

(10本ずつ袋詰めする)

ねらい：1〜100までの数量概念，10進法を身につける。
　　　　一定の量や時間をさせることで，継続する力などを身につける。

させ方
① 10単位での数を指示する。
② ストローをじゃばら数えシート*に置いて10本数えた後，まとめて1つの筒に入れ，それを袋づめする。袋の口はしばったり，セロハンテープでとめたりして，箱に入れる。

使う物：ストロー，色画用紙，筒，プラスチックの入れ物，プラスチックコップ，ビニール袋

作り方
① じゃばら数えシートを作製する。色画用紙（写真では黒。ストローが目立つような紙色であれば何色でも）をじゃばらに折る。

折る回数は，数えるのが１０本だと置くところ（谷）が１０必要になるので，合計２０回折ればよい。
②　筒はトイレットペーパーの芯などを使用する。

ポイント

・ストローは個別に包装されていなくてもかまわないが，包装されているほうがころがったりせず，扱いやすい。
・筒からビニール袋に入れるときに，やりやすいよう，プラスチックコップにビニール袋をかぶせて，その中に入れるようにした。
・１０まで正確に数えられるようになったら，じゃばら数えシートは使わないで数えさせてもよい。

？知りたい！

じゃばら数えシートって？

紙をじゃばら折りしたもの。じゃばら折りとは，谷折りと山折りをくり返すもの。アコーディオン折りともいう。

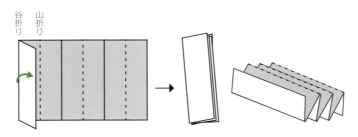

```
お買い物   １００円均一のお店などで購入
　●ストロー　●ビニール袋　●プラスチックの入れ物
```

数量概念・金銭指導

7. どの小銭？
（小銭の金種を区別する）

ねらい：小銭を金種で区別する。指示された金額を小銭でつくる。
　　　　　指示されたことを理解し，そのとおりに進める。
させ方：金種シート*に偽銭を置いて，指示された金額にする。
使う物：偽銭（1円，5円，10円，50円，100円，500円），画用紙，ラミネートフィルム，マジックテープ，トレイ
作り方
　①　金種シートを作る。画用紙（A4程度）に，偽銭を置く枠（それぞれの位で10ずつ）と，指示する金額を書き込む枠を作製し，位ごとに色分けして，ラミネートする。
　②　偽銭を作る。色は本物と似た色を塗り，ラミネートする。裏面にマジックテープを貼り，少し浮くようにして持ち上げやすいようにする。

24

ポイント

・指示する金額，使用する金種（1円，5円，10円，50円，100円，500円）は，子どもの実態に合わせる。
・指示する金額を書き込むときは，何度でも使用できるよう，拭いて消せるマジックを使用するとよい。
・置かれた小銭の額を数えさせたり，書かせたりする学習にも使える。

？知りたい！

金種シート（写真のシートはA4サイズ）

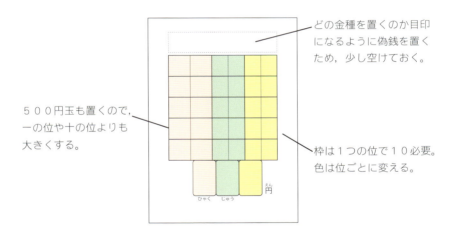

どの金種を置くのか目印になるように偽銭を置くため，少し空けておく。

500円玉も置くので，一の位や十の位よりも大きくする。

枠は1つの位で10必要。色は位ごとに変える。

お買い物

100円均一のお店などで購入
- ラミネートフィルム
- マジックテープ
- トレイ

数量概念・金銭指導

8. 正しく出せる？

(サイフから小銭を見分けながら出す)

ねらい：小銭の入ったサイフから，金種を見分けながら，指示された金額を取り出す。

させ方：小銭を適宜サイフに入れ，指示された金額をサイフから取り出す。

使う物：小銭，小銭入れ，釣り銭トレイ，コインケース

ポイント

・小銭を受ける入れ物は，プラスチック皿などでもいいが，釣り銭トレイだとすべらなくて使い勝手がいい。コインケースもあると便利。
・小銭入れは，形や大きさが違うものを数種類用意するとよい。
・ファスナーが小さくてやりづらいものあるので，キーホルダーなどをつけて動かしやすいようにするとよい。写真では，平たくて持ちやすいということでキーホルダー名札を使用している。
・片手でサイフを持ち，もう片方の手で小銭を出すことは意外と難しいので，何度もやらせてみたい。
・コインケースは，小銭を数えたり，収納したりするのに便利。

数量概念・金銭指導

お買い物

１００円均一のお店などで購入
●小銭入れ　●釣り銭トレイ　●コインケース

9. 数えてみよう

(大量の小銭を数える)

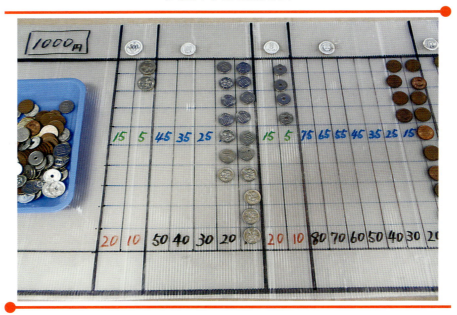

ねらい：大量の小銭を，金種を区別して数え，合計する。
　　　　学校の役にたつことで自信がつく。
させ方：募金箱から出した小銭を金種計算ボード*を使って数え，合計を
　　　　出す。終わったら，募金の担当者に合計金額を報告する。
使う物：プラスチックダンボール（プラダン，プラスチックボード，ＰＰ
　　　　シート），釣り銭トレイ
作り方：金種計算ボード*を作製する。

ポイント

・報告を聞く募金担当者は、「助かったよ。ありがとう」などとほめる。
・はじめは硬貨だけ、慣れてきたら、写真のように１０００円の枠を作り、札も数えさせてもよい。

❓知りたい！

金種計算ボードはどうやって作る？

あらかじめ、募金箱に入っていたお金を金種ごとに数え、その数ちょうどではなく、数えやすいように１０の単位で枠を作製する。どの金種が何枚あるかによって、枠の数は変更する。枠の大きさは、５００円玉が納まる枠が２７×２７㎜なのでそれに合わせるとよい。

枠の数によってはプラスチックダンボールを何枚か貼りあわせてつくる。

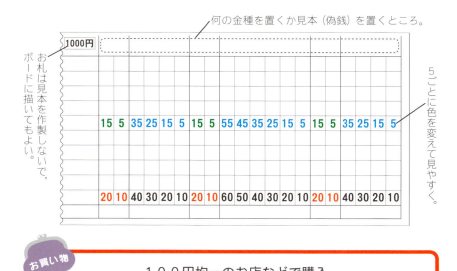

お買い物

１００円均一のお店などで購入
●プラスチックダンボール（プラダン，プラスチックボード，PPシート）　●釣り銭トレイ

手指の微細運動

１０. 穴に入れる

（ビーズなどを穴に入れる）

ねらい：ちょうど入るぐらいの大きさの穴に押し入れることで，手指の微細運動や目と手指の協応を養う。
　　　　一定の量や時間をさせることで，継続する力などを身につける。

させ方
① はじめに，穴への入れ方を示範する。
② やり方が理解できたら，「このお皿の中の分が終わったら，終わりだよ」もしくは「〇〇分たったら，終わりだよ」と言って，やらせる。

使う物：空き缶（ゴム製のフタつき），ビニールテープ，トレイ，穴から入れる物（ビーズ，ひご，ボルトなど）

作り方：空き缶にビニールテープを巻き，入れる物がちょうど入る大きさの穴を，開ける。穴は，フタや缶そのものに開ける。

ポイント

・物が底に落ちたときに，よい音がするとやっていて楽しいので，入れ物はできれば金属製がよい。写真では入浴剤の空き缶を使用。
入浴剤の缶を使用する場合，香りを気にする子もいるので，残り香に気をつける。
・フタはゴム製が望ましいが，なければダンボールや厚紙などで作製する。穴の開け方はゴム製の場合と同じ。
・穴は上面だけではなく，側面に開けた穴も準備すると，自販機のコインを入れる練習にもなる。
・数がたくさん用意できるのであれば，教室にあるもの，たとえばクリップなどを入れさせてもよい。
・どの缶に何を入れるか目印をつけるとよい。写真の左の入れ物にはビーズを貼りつけてある。

手指の微細運動

? 知りたい！

フタに穴を開けるには？

ゴム製の場合
カッターで，物が入るぎりぎりの大きさの穴を開ける。

１００円均一のお店などで購入
●ビニールテープ　●ビーズ，ひご，ボルト　など
●トレイ

１１．組む

（ボルト，ナット，ワッシャーを組む）

ねらい： はめたり，回したりなど，手指の微細運動や目と手指の協応を養う。

一定の量や時間をさせることで，継続する力などを身につける。

させ方

①組み合わせる

　・大きめのボルトとナットをそれぞれ用意する。

　・組み合わせたら箱に入れていく。

　・すべて完成したら，今度は，はずして元に戻す。

②はめる
- ボルト，ナット，ワッシャー，板を用意する。
- 板にはボルトと同じサイズの穴を開ける。板をはさむように，ボルト，ワッシャー，ナットを手指を使って軽く組んだ後，ドライバーでしめる。
- 完成したら，今度は，はずして元に戻す。

使う物：ボルト，ナット，ワッシャー，板，プラスチックの入れ物，ドライバー

手指の微細運動

ポイント
- ボルトとナットは，大きめのほうがやりやすい。
- 慣れてきたら，様々な大きさのボルトとナットを用意して，合うものを探し出して組み合わせるということもできる。

❓知りたい！
ワッシャーって？
座金ともいう。ボルトとナットの間に入れる。
板の劣化を防ぐため，ボルトと板の間にはさむ。

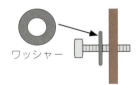

１００円均一のお店などで購入
- ●ボルト／ナット／ワッシャーセット　●板
- ●プラスチックの入れ物　●ドライバー

35

１２．なぞる

（シートに沿って形をなぞる）

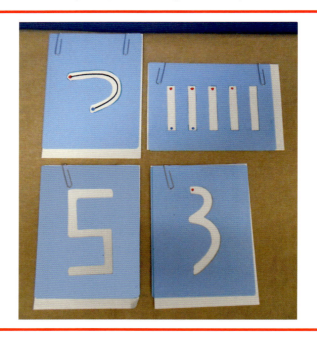

ねらい：枠をなぞって書くことで，筆遣いの感覚を養う。
　　　　　基本的な形（直線，波線，ひらがな，数字など）を覚える。
させ方：なぞらせたい形のなぞりシート＊に紙をセットし，なぞる。
使う物：プラスチック板，紙，筆記具（マジック，クレヨン，鉛筆など），
　　　　　カッター，クリップ

作り方
　①　なぞりシートを作製する。プラスチック板になぞらせたい形を下書きし，カッターで切り取る。
　②　なぞりシートと紙をクリップでセットする。

ポイント

・写真のなぞりシートはB5。
・プラスチック板はカラフルなものを使用するとよい。
・クリップは大きめのものを使用するとよい。
・上下，左右がわかりにくい，書き始めがわかりにくいなどの場合は，書き始め，書き終わりの印をつけておくとよい。写真では，赤や青で印がつけてある。

手指の微細運動

100円均一のお店などで購入
●プラスチック板　●クリップ

１３. 穴を開ける

（穴あけパンチを使う）

ねらい：穴あけパンチの使い方を身につける。
　　　　　手の平で押す際の微妙な力加減などをつかむ。
させ方：パンチシート*に，用紙と穴あけパンチを置き，穴を開ける。
使う物：色画用紙（B4），ラミネートフィルム，マジックテープ，穴あけパンチ

作り方

①　A4用のパンチシートを作製する。B4の色画用紙に，横穴が開けられるようにA4の規定線と穴あけパンチを置く位置を描く。裏面には，縦穴が開けられるようA4の規定線と穴あけパンチを置く位置を描き，ラミネートする。

②　穴あけパンチが動かないように，穴あけパンチとパンチシートにそれぞれマジックテープを貼り，固定できるようにする。

ポイント

・パンチシートは紙のサイズによって変える。
・紙の量は調節する。
・穴を開けた用紙は，ファイルを用意して綴じさせる。
・慣れてきたらパンチシートを使わずに，紙を半分に折って真ん中に折り目をつけ，そこにあわせてパンチをしてもいい。

手指の微細運動

? 知りたい！

パンチシートはどうやって作る？

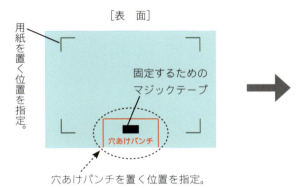

横穴の場合，穴あけパンチ本体の大きさや穴を開けるための奥行きなどで，置く位置が変わってくる。用紙を置く位置を，真ん中よりも少し上よりにする。

裏面は縦穴が開けられるようにする。

１００円均一のお店などで購入
●穴あけパンチ　　●マジックテープ
●ラミネートフィルム

１４. 吸い上げる

（しょう油入れで吸い上げる）

ねらい：微妙な力加減をつかむ。

　　　　　細かな作業をする。

　　　　　一定の量や時間をさせることで，継続する力などを身につける。

させ方：プラスチックの椀に入った色水を，しょう油入れに適量吸い上げて，キャップをはめる。

使う物：しょう油入れ，プラスチックの椀，プラスチックの入れ物

作り方

　① 子どもの好きな色で色水を作り，プラスチックの椀に入れる。

　② しょう油入れのキャップをはずして，本体とは別々にいれておく。

ポイント

・最初はこぼしたりするが，慣れてくると手際よくやることができるようになる。こぼしたりしてよごれたら，終わってから掃除をさせてもよい。
・色水を作ったり，キャップをはずして別々にしたりするところから，やらせてもよい。

手指の微細運動

お買い物　100円均一のお店などで購入
●しょう油入れ　　●プラスチックの椀
●プラスチックの入れ物

１５.詰め替える

（ボトルに液体を入れる）

ねらい：微妙な力加減をつかむ。
　　　　ボトルなどの狭い口に注ぎ入れることで，手指の微細運動や目と手指の協応も養われる。
　　　　詰め替え袋から，こぼさないようにボトルに入れ替える際の，角度など，どうしたらこぼさないように入れられるかを考える。
させ方：空の詰め替え袋に水を入れ，噴霧器やシャンプーボトルに注ぎ入れる。
使う物：詰め替え液の袋（液体を移し終わったもの），噴霧器やシャンプーボトル，プラスチックの入れ物

ポイント

・こぼれてもいいように、少し大きめの、高さのあるプラスチックの入れ物の中に置いてやるとよい。
・袋の口を調整したり、液体の代わりにビーズを使用したりしてもよい。ビーズは小さめのほうがやりやすい。

手指の微細運動

? 知りたい！

空の詰め替え袋に水を入れるには

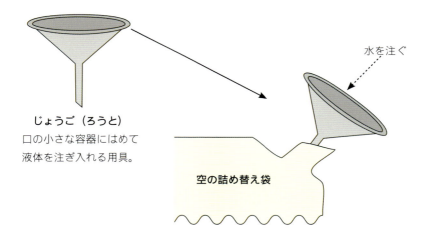

じょうご（ろうと）
口の小さな容器にはめて液体を注ぎ入れる用具。

水を注ぐ

空の詰め替え袋

お買い物

１００円均一のお店などで購入
●詰め替え液　　●噴霧器やシャンプーボトル
●プラスチックの入れ物　　（●じょうご）

43

１６.切って，貼って－１
（はさみ・のり・セロハンテープ）

ねらい：はさみやのり，セロハンテープの使い方を練習する。
させ方：完成図を見ながら，部品が描かれた色紙をはさみで切り抜き，セロハンテープやのりで貼り合わせて，家を完成させる。
使う物：色紙，はさみ，セロハンテープ，のり，ラミネートフィルム
作り方
① 完成図を作る。何度も使用できるように，ラミネートする。
② 色紙に，完成図と同じ大きさになるよう，それぞれの部品の切り取り線を描く。

ポイント

・セロハンテープにするかのりにするかは，子どもが扱いやすいほうで。
・子どもの実態に合わせて部品の大きさを変える。
・窓の形や数を増やす，２階建てにする，煙突をつける，壁に模様を入れてみるなど，少しずつパーツを増やしていく。

手指の微細運動

? 知りたい！

完成図と部品

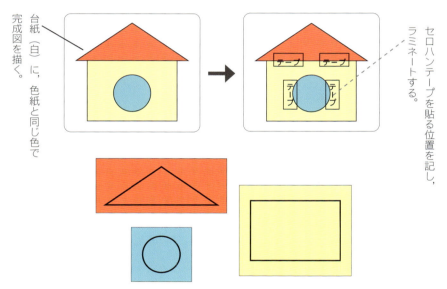

色紙に部品の切り取り線を描く。のりを使用する場合は，のりしろが必要なこともある。

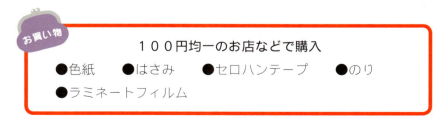

お買い物　１００円均一のお店などで購入
●色紙　●はさみ　●セロハンテープ　●のり
●ラミネートフィルム

１７．切って，貼って－２

(はさみ・のり)

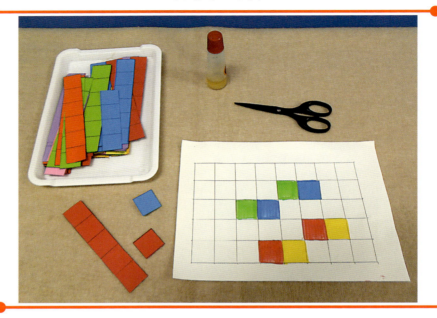

ねらい：はさみやのり，セロハンテープの使い方を練習する。
させ方：台紙に指定されている色の色紙を選び，はさみで切り抜き，貼る。
使う物：色紙，はさみ，のり，トレイ
作り方
　① 台紙を作る。色紙を貼る枠を描く。色紙を貼る場所に色を塗る。
　② △や□を作る。色紙に，△や□の切り取り線を描く。

ポイント
・子どもの実態に合わせて，台紙や切り抜く形（△や□）の大きさを変える。

❓ 知りたい！

台紙，△□は？

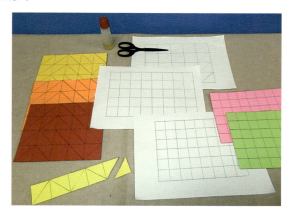

台紙

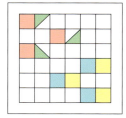

画用紙に枠を描き，
貼る色紙の色を塗る。

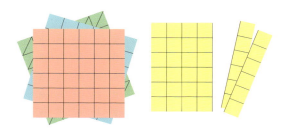

色紙に切り取り線を描く。子どもの能力に応じ，
ある程度まではさみを入れておく。

１００円均一のお店などで購入
●色紙　　●はさみ　　●のり

１８．フェルトボタン

（ボタンをとめる）

ねらい：ボタンをとめることがスムーズにできるようになる。
　　　　　一定の量や時間をさせることで，継続する力などを身につける。
させ方：ボタンやスナップをとめる。
使う物：ボタン，スナップ，フェルト，裁縫セット，プラスチックの入れ
　　　　物
作り方
　①ボタン
　　　フェルトを２枚用意し，片方にボタンを縫いつけ，片方に穴を開ける。
　②スナップ
　　　フェルトを２枚用紙し，片方に凹を，片方に凸を縫いつける。

ポイント

・子どもの能力に応じて、ボタンの大きさを変える。
・フェルトの大きさに気をつける。小さすぎてもやりにくいし、大きすぎても扱いにくい。
・フェルトは何色か用意すると、カラフルで楽しんでやることができる。
・写真のように、お菓子の空き箱を利用するとよい。
・ボタンやスナップにはたくさんの種類があるので、慣れてきたら、いろいろな大きさや形のものでやってみる。

手指の微細運動

お買い物

100円均一のお店などで購入
●ボタン　●スナップ　●フェルト　●裁縫セット
●プラスチックの入れ物

１９．結ぶ－１

(ひもを結ぶ)

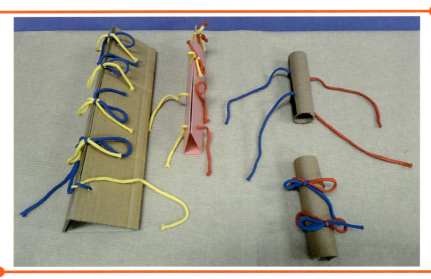

ねらい：固結びや蝶結びができる。手や指の協調運動。
させ方：説明（実演）しながら，結ばせる。
使う物：ラップなどの芯，ダンボール，ファイル，ひも，カッター，ガムテープ

作り方
　①円柱の筒
　　円柱の筒（ラップなどの芯）の左右同じ位置に色違いのひもを，ガムテープなどで貼りつける。
　②ダンボール
　　ダンボールを三角に折り，左右同じ位置に穴を開け，左右色違いのひもを通す。個々のひもは取れないように内側で固結びする。

③ファイル

　ファイルの背の部分を切り取り，左右同じ位置に穴を開け，左右色違いのひもを通す。個々のひもが取れないように内側で固結びをする。

　ファイルは使わなくなったものを利用するとよい。

ポイント

・ひもの太さや長さ，材質は子どもの実態に合わせる。
・だんだんと，ひもを左右同色にしたり，太さを変えたりして，最終的に靴ひもにし，靴ひものある靴を自分で履けるようにしたい。

手指の微細運動

？知りたい！

円柱の筒

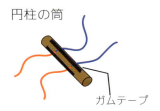

ファイル

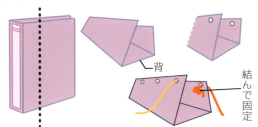

左右同じ位置に，色違いのひもを，ガムテープで貼りつける。

ファイルの厚さにもよるが，背の部分から５０〜８０㎜程度を残して切り落とす。左右同じ位置に穴を開け，色違いのひもを通し，はずれないように内側で固定する。

ダンボール

 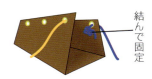

　ダンボールを三角に折り，左右同じ位置に穴を開ける。
　左右色違いのひもを通し，はずれないように内側で固定する。
　写真では，穴はハトメパンチを使用している。

１００円均一のお店などで購入
●ひも（２色以上）

２０.結ぶ－２

（ラッピング袋のひもを結ぶ）

ねらい：固結びや蝶結びの実践編。
　　　　見栄えよく結べるようにする。
　　　　手や指の協調運動。
させ方：ていねいに，見栄えするように結ばせる。
使う物：ラッピング袋

ポイント

・ラッピング用のひもが通っていない袋で，袋の先をしぼってひもで結んでもよい。
・ラッピング袋には，きれいなもの，かわいいものなどたくさんあるので，楽しくやることができる。
・袋の中に緩衝材などをいれると，膨らみが出てやりやすい。

手指の微細運動

100円均一のお店などで購入
●ラッピング袋　●袋　●ひも

認知・学習

21. 同じように積む

(見ながら再現)

ねらい：図（2D）で見たものを3Dで再現することで，空間認知，空間操作を向上させる。

させ方：課題カード*を提示し，実際の積み木を使って再現させる。

使う物：積み木，ポケット式ファイル

作り方

① 積み木を作る。木製のキューブに色を塗る。

② 課題カードを作製する。積み木を使って図形を作る。それを写真に撮って，ポケット式ファイルに入れる。

ポイント

・課題カードにする写真の大きさは，子どもの実態に合わせる。
・ポケット式ファイルは写真の大きさに合わせる。
・積み木はカラフルなほうがわかりやすい。
・慣れてきたら積み木の数を多くしていく。（4×4，5×5など）

認知・学習

100円均一のお店などで購入
●木製のキューブ　　●塗料　　●筆
●ポケット式ファイル

２２.パッキング

(同じ物をパッキング)

ねらい：物を弁別する。指示を理解し実行する。数の理解。
　　　　　パッキング作業の向上。
させ方：見本を提示し，それと同じように詰めてパッキングする。
使う物：ジッパーつき袋，トレイ，プラスチックの入れ物
　　　　　入れる物（スプーン，フォーク，おはじき，タグ等）
作り方
　① いくつかの小物を種類ごとにトレイに入れる。
　② ジッパーつきの袋に，小物を何個かずつ入れて見本を作る。

ポイント
・入れる物をカラフルにすると，楽しくやれる。
・ビーズなどの小さな物を入れたり，物によって数を変えたりして，徐々に難しくしていく。

認知・学習

お買い物

100円均一のお店などで購入
●ジッパーつき袋　●トレイ　●プラスチックの入れ物
●スプーン　●フォーク　●おはじき　●タグ

23. 〇△□

(〇△□を使ってゲーム)

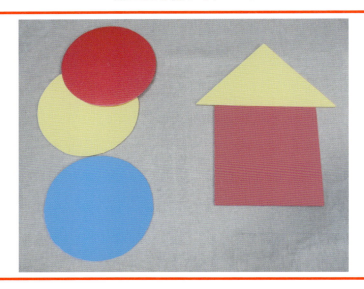

ねらい：指示を聞いて，体を動かすことや簡単なゲームをすることができる。

させ方

① 〇△□で作ることができる簡単なものを作るよう指示する。たとえば，お団子，家，車など。

② 〇△□を床に並べて，「□に立って！」「〇を取って！」などと指示する。

使う物：カラーボード，カッター

作り方：カラーボードを，カッターで〇△□に切り抜く。

　　　　　写真の大きさは，〇直径250㎜

　　　　　　　　　　　　△一辺250㎜

　　　　　　　　　　　　□一辺250㎜

ポイント
・形のみ，色のみを指示したり，両方を指示したりしても楽しめる。
・少し広い場所で，〇△□の数や人数を増やしてやってもよい。

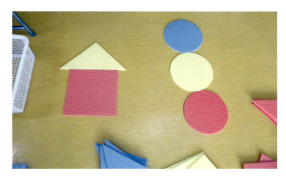

床に置いて使用する。

❓知りたい！
カラーボード（カラースチレンボード）って？
発泡スチロールの両面に上質紙が貼ってあるボードのこと。
今回使用したのは，４５０×８４０㎜，厚さ５㎜。

お買い物
１００円均一のお店などで購入
●カラーボード

２４.算数スタンド

（算数の課題）

ねらい：与えられた課題を，すばやく，たくさんこなしていく。

させ方

① 左右に皿スタンドを置いて，向かって左側の皿スタンドに課題シート*を数枚（６枚程度）置く。

② １枚目の課題シートを手に取り，書いてある数字どおりに，目の前にある偽銭を貼りつけていく。

③ 終わったら，右側のスタンドに立て掛け，左側から次のシートを取り，同じようにやる。

使う物：画用紙，ラミネートフィルム，マジックテープ，皿スタンド

作り方

① 課題シートを作製する。画用紙に，１，１０，１００，１０００の位の枠を描き，ラミネートする。

② 課題シートのそれぞれの位のところに、偽銭をつけるためのマジックテープを貼りつける。
③ 偽銭を作り、裏にマジックテープを貼る。

ポイント

・課題の数字は、ホワイトボード用のペンで書けば、何度でも使用できる。
・子どもの実態に合わせて、課題はどんどん変えていく。

❓知りたい！

課題シートはどうなっているの？

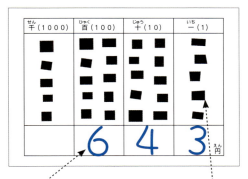
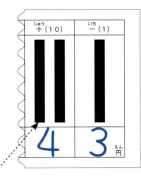

繰り返し使用するので、ホワイトボード用のペンなどを使用するとよい。

数字を貼りつけるマジックテープ
・1つの位に、5か10貼りつけられるようにする。
・1つ1つ細かいのでも、1本で長いのでも、やりやすいほうでよい。

お買い物

100円均一のお店などで購入
●皿スタンド　●マジックテープ　●ラミネートフィルム

25. 国語スタンド

(国語の課題)

ねらい：与えられた課題を，すばやく，たくさんこなしていく。

させ方

① 左右に皿スタンドを置いて，向かって左側の皿スタンドに課題シート*を数枚（6枚程度）置く。

② 一枚目の課題シート*を手に取り，課題をこなす。終わったら右側のスタンドに立て掛け，左側から次のシートを取り，同じようにやる。

使う物：A4程度の厚紙（写真はプラスチック製ファイルを利用），画用紙，ラミネートフィルム，マジックテープ，皿スタンド，カッター

作り方

① A4程度の厚紙で課題を貼りつけるシート作る。プラスチック製の場合はそのまま，厚紙の場合はラミネートし，カードを貼りつけるためのマジックテープを貼る。

② カード（課題と答え）を作製し，それぞれにマジックテープを貼る。

ポイント

・課題について
　①間違い探し
　　イラストと文章の間違った組み合わせを正しく貼り直す。
　②説明する
　　提示された単語を説明している文章を選んで，貼りつける。
・子どもの実態に合わせて，課題を工夫していくとよい。

知りたい！　課題シート

①間違い探し

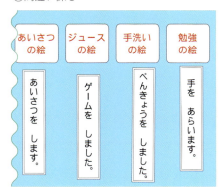

イラストは白黒でもカラーでもどちらでも。

※貼りつけるカードの大きさによって，
　向きを変えるとよい。

②説明する

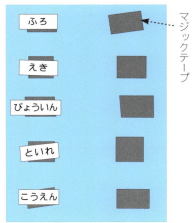

貼りつける文章も，マジックテープで貼りつけておくとやりやすい。

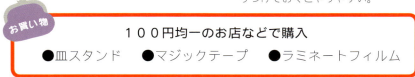

お買い物　１００円均一のお店などで購入
●皿スタンド　●マジックテープ　●ラミネートフィルム

２６．何番目？

(物の順序と位置を表す)

ねらい：「右から〇番目」「上から〇番目」など，順序と位置の表現の仕方を理解する。

させ方：小物棚＊に入っている小物を指さし，「〇〇は，どこにある？」などと質問し，「右から３番目」などと答えさせる。

使う物：透明な仕切りケース（３マス，４マス），小物

作り方

① 小物棚を作る。３マスや４マスの透明な仕切りケースを，いくつか組み合わせる。

② 小物棚の中に，小物を置く。

ポイント

・むずかしい課題なので、3マスの仕切りケース1つだけからはじめて、できるようになってから、徐々にマス数を増やしていく。
・上からと右からを答えたら、今度は下からと左からを答えさせるなど、いろいろと工夫できる。
・慣れてきたら、「左から2番目、上から3番目」など、上下左右も答えさせるようにする。
・「上から3番目、左から2番目の物を取って」「下から2番目、右から1番目に入れて」など場所を指示して、小物を出し入れさせてもよい。

認知・学習

知りたい！

小物棚には何を入れる？

教室にある物なら何でもいいが、子どもが興味をもつ物を入れるほうがやりやすい。また、できればカラフルなほうがよい。

写真では、木の実、サイコロ、洗濯ばさみ、おはじき、電卓などを入れてみた。

お買い物

100円均一のお店などで購入
●仕切りケース（3マス、4マス）　　●小物

２７．カテゴリー分け

（ものをカテゴリーに分ける）

ねらい：物，ことば，記号などを，カテゴリー別に分けられる。

させ方

　① 箱に，カテゴリーを書いた札を貼り，床に置く。

　② 該当するカテゴリーの絵やことば，記号などが描いてあるカードを複数枚手に持ち，あてはまるカテゴリーの札が貼ってある箱に，それぞれ入れていく。

使う物：言語カード，絵カード，用紙（Ａ４程度），ラミネートフィルム，プラスチックの入れ物，マジックテープ

作り方

　① 絵カードや言語カードは，既製品を利用するとよい。

　② カテゴリーの札は大きくわかりやすく書き，ラミネートし，マジックテープで箱に貼る。

ポイント

・カードを入れる箱は，大きめで，ある程度高さのあるものがよい。
・箱は床に置き，側に立ち，投げ入れるような感じでやると，楽しめる。
・カテゴリーは，いろいろと考えられる。はじめは，色などの簡単なものからはじめるとよい。

❓知りたい！

　カード，どうする？
「既製品を利用する！」
　多様な種類があるので，それらを活用するとよい。
「自作してみる！」
　ネットで，無料のイラストや写真を入手して作製する。ラミネートすると何度でも使用できる。

認知・学習

１００円均一のお店などで購入
●プラスチックの入れ物　　●マジックテープ
●ラミネートフィルム

２８．文字指導

（文字カードを使って）

ねらい：五十音の清音，濁音，半濁音，促音，拗音の単音の学習や単語作り。また，それらを読み上げることで，音韻（拍）を感じる。

させ方：文字ボックス*，文字カード*，文字ボード*を使い，課題をやる。
① 文字カードを１枚ずつ見せて，言わせる。
② 「"い"はどれ？」などと言い，指さしさせたり，文字ボードにはめさせたりする。
③ 単語を言い，文字カードを選ばせ，文字ボードにはめさせる。
④ 絵や写真などを見せ，該当する文字カードを選ばせ，文字ボードにはめさせる。
⑤ 文字カードを見せながら，発音を聞かせたり，言わせたりして，音韻（拍）を意識，理解させる。

使う物：プラスチックカバン，マジックテープ，カラーボード，画用紙，ラミネートフィルム，カッター

作り方

① 文字カードを作る。エクセルで30×30㎜のマス目を作り，五十音の清音，濁音，半濁音，促音，拗音を1文字ずつ打ち込む。プリントアウトしたら裏面にカラーボードを貼る（発泡スチロール用の接着剤などを使用。のり付きのカラーボードもある）。印刷面をラミネートしたら1文字ずつ切り分け，裏面にマジックテープを貼る。

② 文字ボックスを作る。プラスチックカバンを開き，両サイドに，マジックテープを縦に7～8本ずつ貼りつける。

③ 文字ボードを作る。カラーボードから，文字カード2～5文字分の大きさの四角をくり抜く。写真は青いカラーボードで作った。

ポイント

・子どもの名前をひらがなにして，課題をやってもよい。
・声に出しながら文字を選ぶなど，様々なやり方がある。

❓知りたい！　文字ボックスと文字ボード

平置きにしたほうがやりやすい。

文字ボード（2文字用）2文字分くり抜いてある。

閉じるとこのようになる。

認知・学習

🛍️ **お買い物**　　100円均一のお店などで購入
- ●プラスチックカバン　●マジックテープ　●カラーボード
- ●ラミネートフィルム

時間・スケジュール

時間・スケジュール

２９.何をする？

（行事等に参加するために）

ねらい：始業式・終業式，運動会などの行事に参加する際に「何が行われているのか，どうすればよいのか」を理解する。

させ方：事前に，参加する行事の行事カードファイル*を見て，流れを理解し，できれば練習する。

使う物：画用紙，ポケット式ファイル（Ａ５），マジックや色鉛筆等

作り方：行事カードファイルを作製する。画用紙をＡ５の大きさにする。個々の子どもの理解力などに合わせて，行事の内容やそこでの行動などを解説したイラストなどを描き，ファイリングする。

> **ポイント**

・行事カードの大きさやポケット式ファイルの大きさは，内容や子どもに合わせて変える。
・行事カードは，パソコンでも手書きでもよい。
・行事カードの内容は，子どもの実態に応じて，ステップアップさせていく。

> **知りたい！**

行事カードの中身

朝の会で「歌う」などの簡単なものから，式次第に沿って行動するなどの詳細なものまで，子どもの実態に合わせて幅広く作製する。

下記は，「卒業式」のために作製したものである。

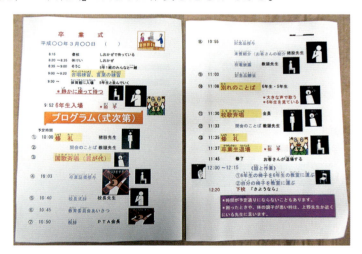

時間・スケジュール

 お買い物

１００円均一のお店などで購入
●ポケット式ファイル

３０．今日は何日？
（日にちを意識する）

日めくり❗

ねらい：日にちを意識する。
させ方：毎日，朝，日めくりをする。
使う物：日めくり

ポイント

・季節ものなので，通年販売していない。要注意！
・壁に掛けるタイプ，机に置くタイプなどあるが，子どもが楽しんでやるには，ある程度の大きさがあったほうがよい。
・時期的に日めくりカレンダーが入手できない場合は，万能カレンダーを使ってもよい。

万能カレンダー❗

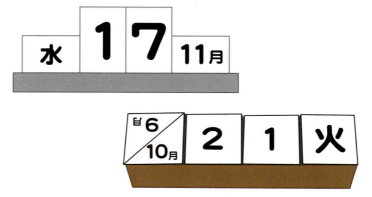

ねらい：日にち，月や曜日を意識する。
させ方：毎日，朝，日にち（月や曜日）を示す。
使う物：万能カレンダー

ポイント

・いろいろなタイプがあるので，使い勝手のよいものを選ぶ。
・日にちだけではなく，月や曜日を意識させることもできる。
・はじめは日にちだけ，慣れてきたら，月や曜日を意識させていくとよい。

１００円均一のお店などで購入
●日めくりカレンダー　　●万能カレンダー

時間・スケジュール

３１．１分ってどれくらい？

（タイマーを操作する）

ねらい：タイマーを操作することで，分や分感覚を養う。

させ方

① タイマーの操作を教える。

② 操作を覚えたら，「スタートを押して，１分たったらストップを押してね」「よーい，スタート！」などと言ってやらせる。

使う物：タイマー

ポイント
・分数を変えたり，秒にしたりして，いろいろな分数・秒数を体験させる。
・タイマーの操作は子どもの実態に応じて教える。
・できるだけ，液晶部分が大きく，見やすいものがよい。

時間・スケジュール

お買い物
１００円均一のお店などで購入
●タイマー

３２．いつからいつまで？
（学習や作業の始まりと終わり）

ねらい：学習や作業などの，始まりと終わりがわかるようになる。
させ方：指導者が，アナログ時計の盤面を使って，学習や作業の時間の始まりと終わりを示す。それを見て，始まりと終わりを確認する。
使う物：アナログ時計，色紙，はさみ，両面テープ
作り方
① 学習や作業時間に応じて，いくつか枠を作製する。写真は４５分間の枠。
② 始まりの位置，終わりの位置に貼る目印（矢印）を作製する。

ポイント
・アナログ時計は文字盤が見やすいものを用意する。
・色紙は，はっきりした色がいい。

時間・スケジュール

お買い物
　　　　　　　１００円均一のお店などで購入
　●色紙　　●両面テープ

図工・そのほか

３３.歯磨きカード－１

（歯磨きカードを見ながら歯を磨く）

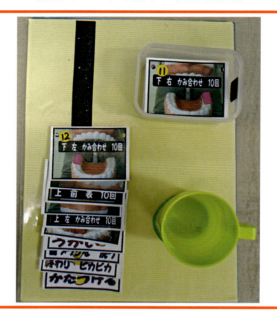

ねらい：歯磨きカードを見ながら順をおって行い，最終的に自分で上手に歯磨きできるようにする。

させ方：歯磨きカード*をシート*のマジックテープの上に，逆順に，少しずつずらして重ねていく。いちばん上にあるカードの工程をやり，終わったらカードをはがして次のカードへ，とやっていく。

使う物：画用紙，色紙（Ａ４），ラミネートフィルム，マジックテープ，プラスチックの入れ物

作り方

① 歯磨きカードを作る。８０×１００㎜程度に切った画用紙に，１枚ずつ歯磨きの工程を描く。子どもの実態に合わせ，写真でもイラストでも文字でもよい。ラミネートし，マジックテープをつける。

② シートを作る。A4の色紙に，コップを置く場所の目印をつけ，ラミネートし，縦にマジックテープを貼る。

ポイント

・子どもの実態に合わせ，カードの内容や提示の仕方を変える。
・説明に使用した歯形は，保健室にある歯形見本を使用した。
・運動着や水着の着替え，そうじの手順，などで作製してもよい。

? 知りたい！

シートはどうなっているの？

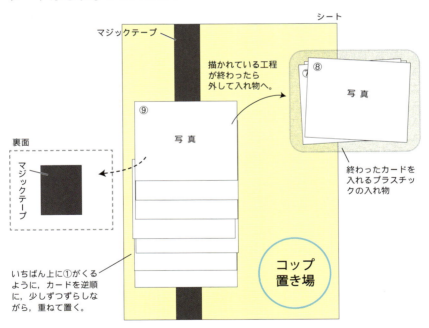

100円均一のお店などで購入
●マジックテープ　●ラミネートフィルム

図工・そのほか

３４．歯磨きカード－２

（歯磨きカードを見ながら歯を磨く）

ねらい：歯磨きカードを見ながら順をおって行い，最終的に自分で上手に歯磨きできるようにする。

させ方：工程順に綴られた歯磨きカード*を見ながら，描かれているとおりにやる。提示されたカードの工程が終わったら，カードをめくり，次の工程をやる。台は，立てても寝かせていてもよい。

使う物：画用紙，厚紙，リング，ラミネートフィルム，マジックテープ，紙製ファイル

作り方

①　歯磨きカードを作る（前頁参照）。その際，何も描かれていないカードも２枚作製して表表紙と裏表紙とし，マジックテープを貼る。

②　カードより少し大きい画用紙（白）を厚紙（黒）に貼る。カードと同じ穴を真ん中に開け，カードを貼りつけるためのマジックテープを貼る。A　紙製ファイルを厚紙と同じ大きさに切り，片側の真ん中に，カードと同じ穴を開ける。B　AとBをステープルでとめる。A，B，カー

ドにリングを通し，カードの表・裏表紙をマジックテープで固定する。

ポイント

・子どもの実態に合わせ，カードの内容や提示の仕方を変える。
・歯形は，保健室にある歯形見本を使用。
・運動着や水着の着替え，そうじ等の手順など，様々なものに使用可能。

❓ 知りたい！

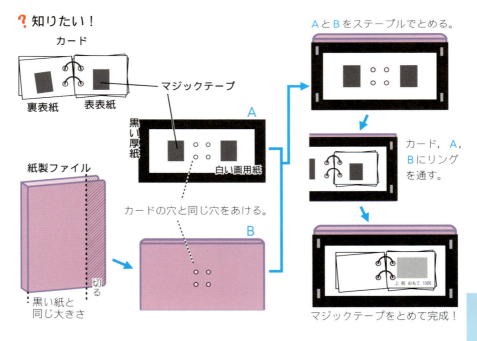

こんな提示の仕方も❗
カードをリングで閉じる。
穴は，右左どちらからでも
めくれるように開ける。

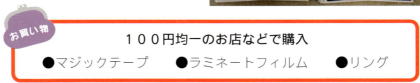

お買い物　１００円均一のお店などで購入
●マジックテープ　　●ラミネートフィルム　　●リング

図工・そのほか

３５. あと何周？
（持久走で何周したか・するかわかる）

ねらい：校庭などを周回させるとき，何周したか，あと何周なのか，自分で確認し，管理できる。自分で確認・管理することで，「自分のことは自分で」という意識を養う。

させ方

① 自分の目印がついたペットボトルを周回する本数（3周なら3本）用意する。
② 1人に1つ箱を用意する。①を各自の箱に入れ，スタート地点に用意した台の上に置く。
③ 1周するごとに，自分の箱からペットボトルを1本ずつ，台の下に置かれた箱に入れ，ペットボトルが無くなったら走るのをやめる。

使う物：ペットボトル，ビニールテープ，プラスチックの入れ物（個人用，全体用）

作り方：ペットボトルにビニールテープを巻いて，好きな模様を入れる。

ポイント

・載せる台は，朝礼台などを利用するとよい。
・台の下に置く箱（全体用）は，子どもが投げ入れることがあるかもしれないので，少し大きめがいい。
・子どもに，自分のペットボトルは自分で作らせる。個々の箱に入れるので，デザインが統一されていなくても大丈夫。
・ビニールテープは何色か用意する。

図工・そのほか

100円均一のお店などで購入
●ビニールテープ　　●プラスチックの入れ物

３６．忘れ物ないかな

（持ち帰る物を確認する）

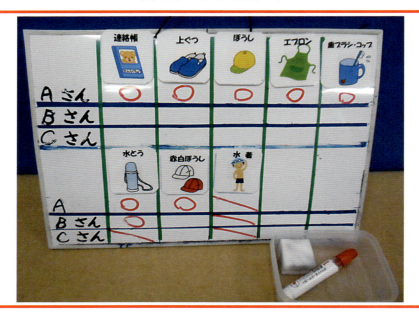

ねらい：週末に持ち帰る物を指導者と一緒に確認することで，自分の持ち物を把握したり，いつ持ち帰るのかなどを確認したりできる。

させ方：子どもの名前と物を表にしたものをホワイトボードに書き，指導者と一緒にチェックしていく。

使う物：画用紙，板磁石（マグネットシート），マジックテープ，ホワイトボード用マジック

作り方
① 持ち帰る物のカードを作る。イラストと文字で，わかりやすく作る。
② ホワイトボードに，表を作製し，子どもの名前などを記入する。

ポイント

・チェック用のペンは，赤色など目立つ色にする。
・子どもによって「持ち帰る物」が違うので，「持ち帰らない物」には斜線を引くなどする。はじめから持ってきていない物にも斜線を引く。
・板磁石（マグネットシート）には，いくつかの種類がある。直接書き込めるものや印刷できるものもある。
・持ち物カードは，ラミネートすると長く使用できる。
・磁石がつかないような素材のボードを使用する場合は，マジックテープなどを利用する。

図工・そのほか

お買い物

１００円均一のお店などで購入

●板磁石（マグネットシート）

３７．大事なことは
（板書枠囲み）

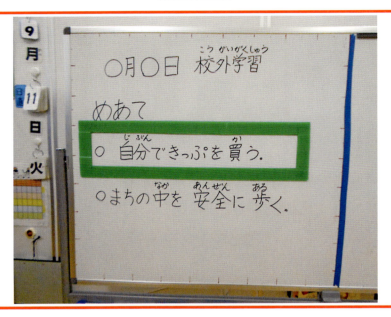

ねらい：板書をした際に，大事なことを強調できる。大事なことなのだと意識する。
させ方：「大事なこと」に枠を貼りつける。
使う物：プラスチックボード
作り方：プラスチックボード（画用紙でも可）を四角い枠にくり抜いたり，下線に使用できるよう棒状に切ったりする。マグネットシートを裏に貼りつける。

ポイント

・大きさの違うものをいくつか作ると便利。

いろいろな大きさの枠を作製

　　　　　　　１００円均一のお店などで購入
●プラスチックボード

３８.作ってみる－１

(自由に工作する)

ねらい：自由に作品を作ることで自由な発想を養う。道具の使い方などに慣れる。
させ方：ある程度自由に作らせる。
使う物：グルーガン(ホットボンド)，グルーガンスティック，飾りつけ用の小物(ポンポン玉，星，ビーズ，粘土，毛糸，ほか)
作り方：グルーガンを使って，松ぼっくりに小物をつけていく。

> **ポイント**
- グルーガン（ホットボンド）の先端は熱くなるので注意して扱う。
- 子どもの実態に合わせて部品の大きさを変える。
- 小物は１００均の店などで低価格で入手。子どもが選びやすいよう，見やすい入れ物に入れる。

図工・そのほか

お買い物

１００円均一のお店などで購入
- グルーガン　●グルーガンスティック　●ポンポン玉
- 星　●ビーズ　●毛糸　●タッパー

３９.作ってみる－２
(自由に工作する)

ねらい：自由に作品を作ることで自由な発想を養う。道具の使い方などにも慣れる。

させ方：ある程度自由に作らせる。

使う物：グルーガン（ホットボンド），グルーガンスティック，コルクボード，飾りつけ用の小物（ボタン，ビーズ，おはじき，木の枝，木の実，など），ひらがなワッペン（アップリケ）

作り方：グルーガンを使って，コルクボードに小物をつけていく。
　　　　　ひらがなワッペン（アップリケ）で子どもの名前などを貼る。

🔵 **ポイント**

・グルーガン（ホットボンド）の先端は熱くなるので注意して扱う。
・子どもの実態に合わせて部品の大きさを変える。
・小物は，１００均の店などで低価格で入手。子どもが選びやすいように，見やすい入れ物に入れる。
・木の枝や木の実など，拾ってきた物をつけてみてもおもしろい。

❓ **知りたい！**

　黄色（左の写真では白）の部分に，ひらがなワッペン（アップリケ）で子どもの名前などを貼ってみた。

ひらがなワッペン（アップリケ）

🛍 **お買い物**　　　　　　**１００円均一のお店などで購入**
●グルーガン　　　●グルーガンスティック
●コルクボード　　●ボタン　　●ビーズ　　●おはじき
●ひらがなワッペン（アップリケ）

図工・そのほか

食事スキル

４０.開ける

（ペットボトルや缶）

ねらい：ペットボトルなどのフタを自力で開ける。
させ方：フタを自力で開ける。
使う物：ペットボトル，缶

ポイント

・子どもに合わせて，ペットボトルや缶の大きさを変える。
・最近のペットボトルはかなり硬くなっている。硬いときは少し手伝ってあげる。最終的には自力で開けられるようにする。

お買い物

100円均一のお店などで購入
●ペットボトル　●缶ジュース

食事スキル

４１．つまむ
（はしの使い方）

ねらい：はしの持ち方の指導。はしの使い方の向上。
させ方：いろいろな大きさの物（消しゴム）を，はしでつまんだり，つまんで移動させたりする。
使う物：はし，消しゴム，プラスチック皿，プラスチックの入れ物

ポイント

・消しゴムは，ほかのものに比べて摩擦係数が高いため，はしでつかみやすい。まずは，大きな消しゴムをはしでつまむことからはじめるとよい。
・消しゴムは種類が豊富。不揃いの詰め合わせセットなどもあるので，たくさん用意したい。

お買い物

100円均一のお店などで購入

●はし（指導ばし）　　●消しゴム　　●プラスチック皿
●プラスチックの入れ物

食事スキル

４２. 開けて，閉じる－１

(はさみで切って開けて，ジッパーで閉じる)

ねらい：ジッパーつきの袋に入っている食品はたくさんある。ジッパーが機能するように点線上をはさみで切る，ジッパーでの開け閉めがスムーズにできる。

させ方
① ジッパーつきの袋を，ジッパーが機能するように点線の箇所をはさみで切る。
② 開封後は，ジッパーを開けたり閉じたりする。

使う物：ジッパーつきの袋に入っている食品，はさみ

ポイント

・点線に沿って切らないとジッパーが機能しないということも，理解できるとよい。
・ジッパーをうまく閉じることが意外と難しいかもしれないので，子どもの実態によって，袋の大きさを変える。

お買い物

100円均一のお店などで購入
●ジッパーつきの袋に入った食品

食事スキル

４３．開けて，閉じる－２
（はさみで切って開けて，袋ばさみで閉じる）

ねらい：中身の入った食品の袋を開けっ放しにしない。ジッパーがついていない袋は，袋ばさみを使って閉じる。

させ方
① 袋に入った食品（ジッパーつきではないもの）の封を切る。
② 袋の口の部分を袋ばさみで閉じる。

使う物：袋に入っている食品（ジッパーつきではないもの），袋ばさみ

ポイント

・袋ばさみは，結構硬いので気をつけてやらせる。
・袋ばさみにはいろいろな種類があるので，いくつかやらせてもよい。

　　　　　　　１００円均一のお店などで購入
　●袋に入った食品（ジッパーつきではないもの）
　●袋ばさみ

食事スキル

４４．フタを開ける

（プリンやヨーグルトなどを開ける）

ねらい：プリンやヨーグルトなどのフタを，手を汚さずに開ける。
させ方：プリンやヨーグルトなどのフタを開ける。
使う物：プリン，ヨーグルト，ゼリー　など

ポイント

・手をよごしたり，中身をこぼしてしまったりしがちなので，きれいに開けられるようにしたい。
・プリンが比較的やりやすい。
・ヨーグルトは持ち運びの際に気をつけないと，開けるときに飛び散ることがある。また，ゼリーは容器いっぱいに入っているものが多く，液体がこぼれやすいので気をつけてやらせる。
・容器やフタの大きさ，形などで，やりやすさが違う。いろいろなタイプのものをやらせてみたい。

100円均一のお店などで購入
●プリン　　●ヨーグルト　　●ゼリー

４５．包みを開ける
（チーズの個包装を開ける）

ねらい：四角や三角のチーズの包装を，きれいに開ける。
させ方：四角や三角のチーズの包装を開ける。
使う物：個包装のチーズ

ポイント
・手をよごさずに，きれいに開けられるようにしたい。
・はじめは，開ける印のわかりやすいものや比較的大きなものを選ぶとよい。

お買い物

　　　　　１００円均一のお店などで購入
　●個包装のチーズ

食事スキル

４６.缶詰を開ける

ねらい：プルタブ仕様の缶ぶたを，けがをしないように開けられる。
　　　　　缶切りを使って開けられる。
させ方：缶詰を開ける。
使う物：缶詰（プルタブ仕様，缶切り仕様），缶切り

ポイント
- ケガをせずに，安全に開けられるようにしたい。
- 手をよごさずに，きれいに開けられるようにしたい。
- 缶切りも種類があるので，いくつかできるようになるとよい。
- 開けた後のフタ，中身を出した後の缶の扱いにも十分に気をつける。

お買い物

100円均一のお店などで購入
- ●缶詰（プルタブ仕様，缶切り仕様）　　●缶切り

食事スキル

４７. はかる

（計量スプーン，計量カップ）

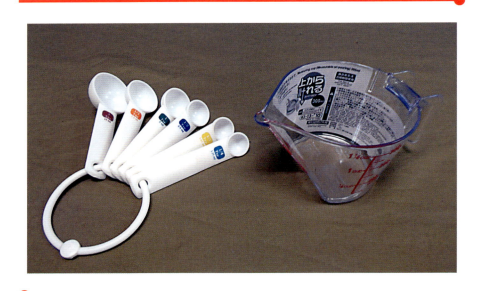

ねらい：計量スプーンなどを使って量をはかる。
させ方：計量スプーンや計量カップを使って，はかる。
　①計量スプーン
　　大さじや小さじを使ってはかってみる。山盛りやすり切りなどのはかり方もやってみる。
　②計量カップ
　　計量カップの大きさやはかる量を変えてみたりする。
使う物：計量スプーン，計量カップ

ポイント

・調理実習などでやる。
・調理実習などと関係なくやる場合は，塩や水など，比較的扱いやすいものでやるとよい。

お買い物

100円均一のお店などで購入
●計量スプーン　●計量カップ

食事スキル

４８．準備する

（カップ麺）

ねらい：カップ麺を作る。作り方が違うものでも対処できる。

させ方：カップ麺を説明を見て作る。

　①小袋なし

　　フタを半分だけ開ける。

　②小袋あり

　　フタを半分だけ開け，説明の順番どおりに，かやくや粉末スープなどを入れる。

使う物：各種カップ麺

ポイント

・小袋の種類が多かったり，入れる順番が違ったりするので，いろいろなタイプのものを作らせてみるのもよい。
・はじめはお湯を入れる手前までにする。最終的には，「焼きそば」のように，湯切りをするものもできるようになるとよい。
　お湯を使用する際は，やけどに気をつける。

お買い物

　　　　　１００円均一のお店などで購入
●各種カップ麺

食事スキル

４９．開封する－１

（サンドウィッチ）

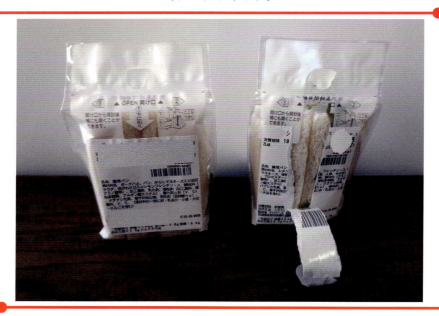

ねらい：コンビニなどで売っているサンドウィッチの封を開けられる。
させ方：サンドウィッチの封を手順に従って開ける。
使う物：サンドウィッチ，ウェットティッシュ

ポイント

・強く握り過ぎないように，気をつける。
・手をきれいにしてからやらせる。

お買い物　　　　　　　１００円均一のお店などで購入
●ウェットティッシュ

５０.開封する－２
（おにぎり）

ねらい：コンビニなどで売っているおにぎりの封を開けられる。
させ方：おにぎりの封を手順に従って開ける。
使う物：おにぎり，ウェットティッシュ

ポイント
・強く握り過ぎないように，気をつける。
・手をきれいにしてからやらせる。

お買い物　　　　　１００円均一のお店などで購入
●ウェットティッシュ

食事スキル

著者略歴

　樋浦　伸司（ひうら　しんじ）

　　宮城県松島町立松島第五小学校

　　著書　『遅れがちの子・自閉の子のための　身近なものを教材に！！
　　　　　－自分でやりたくなる課題－』田研出版，2000
　　　　　『先生とお母さんのための　だれでもできる！発達障害のある子
　　　　　のための指導法　Ｑ＆Ａと実践編』（共著）田研出版，2008

　上野　庸悦（うえの　ようえつ）

　　宮城県松島町立松島第五小学校

特別支援学級のための
もっと身近なものを教材に!!
100均で楽しく教材づくり

2019年10月30日　初版発行	
著　者	樋浦　伸司・上野庸悦
発行者	本間　博
発行所	田研出版株式会社 〒123-0874　東京都足立区堀之内2-15-5
印刷・製本	モリモト印刷株式会社

ISBN978-4-86089-052-0 C0037
落丁本・乱丁本はお取替えいたします。
© 2019 H.Shinji